Le meilleur de la

machine à pain

par Marie Joly

City Editions

Crédits des photographies :
Couverture : Visuel/Y & R Studio/Stockfood / P.3 : Foodphoto Eising/Stockfood / P.9 : Arce Bill/Stockfood / P.10 : Zabert Sandmann Verlag/ Stockfood / P.13 : Loftus David/Stockfood / P.14 : Bischof Harry/Stockfood / P.17 : Brauner M./Stockfood / P.18 : Kirchherr Jo/Stockfood / P.21 : Barber Lisa/Stockfood / P.22 : Paul Michael/Stockfood / P.25 : Studio R. Schmitz/Stockfood / P.26 : Gabula Art-Foto/Stockfood / P.29 : Studio R. Schmitz/Stockfood / P.30 : Holsten/Koops/Stockfood / P.33 : Eising Susie/Stockfood / P.35 : Studio R. Schmitz/Stockfood / P.36 : Bayside/Stockfood / P.39 : Gabula Art-Foto/Stockfood / P.41 : Schmid Ulrike/Stockfood / P.42 : Rynio/Stockfood/ P.45 : Eising/ Stockfood / P.46 : Madamour Christophe/Stockfood / P.49 : Feig/Stockfood / P.50 : Loftus D./Stockfood / P.52 : Watt Elizabeth/Stockfood / P.55 : D.R. / P.56 : Cogliantry Michael / P.58 : PL Viel/Photocuisine Sucré Salé / P.60 : Foodphoto Eising/Stockfood / P.63 : Lehmann Herbert/Stockfood / P.64 : Kompatscher-Hoppe Anneliese/Stockfood / P.66 : D.R. / P.68 : Madamour Christophe/Stockfood / P.71 : PL Viel/Photocuisine Sucré Salé / P.72 : D. Japy/Photocuisine Sucré Salé / P;73 : D.Japy/Photocuisine Sucré Salé / P.74 : Madamour Christophe/Stockfood / P.76 : F. Subiros/Photocuisine Sucré Salé / P.79 : J.Riou/Photocuisine Sucré Salé.

Les recettes suivies d'un (*) correspondent à l'illustration

ISBN : 2-35288-030-0
Code Hachette : 50 4658 6

Graphisme : Studio City
Rayon : Cuisine
Collection dirigée par Christian English & Frédéric Thibaud
Catalogue et manuscrits : www.city-editions.com

Dépôt légal : deuxième semestre 2006
Imprimé en République Tchèque.

SOMMAIRE

Pains sucrés

Brioches sucrées

Cakes salés

Cakes sucrés

Quelques conseils

La machine à pain

La machine à pain, c'est à la fois le pétrin et le four du boulanger. Cela permet donc de mélanger et de pétrir comme il le faut les pâtes pour toutes sortes de pains et de cuire les préparations.

Attention à placer dans la cuve les ingrédients dans l'ordre préconisé par le constructeur de votre machine. Dans ce livre, nous avons choisi de mettre d'abord les liquides puis les farines et la levure, car c'est l'ordre recommandé pour la majorité des modèles.

Vous pouvez aussi vous servir de votre machine comme d'un simple pétrin grâce au programme « pâte seule ».

Dans ce cas, votre machine vous fournira un pâton auquel vous pourrez donner la forme que vous voulez (une baguette, une couronne, etc.) et que vous devrez faire cuire au four. Cela reste très pratique et change de la forme rectangulaire des pains totalement réalisés en machine.

Les farines

La farine la plus couramment utilisée dans le pain est la farine de blé. Vous verrez dans nos recettes des mentions comme « farine de blé T55 » : cela indique le degré de raffinement de la farine. Plus elle est raffinée, plus l'indice est faible : une T55 est donc une farine blanche basique, une T80 signale une farine bise, et de T110 jusqu'à T170 on trouve les farines complètes qui donneront les pains les plus bruns et les plus riches en éléments nutritifs.

Si la farine de blé est l'un des ingrédients de base du pain, c'est parce qu'elle contient du gluten, un élément indispensable pour que la pâte puisse lever.

À l'inverse, d'autres farines en sont dépourvues – farine de seigle, de maïs, de riz, de sarrasin, de châtaigne, etc. – mais peuvent être utilisées. Une seule contrainte : les mélanger à une farine contenant du gluten et ne jamais mettre plus de 50% d'une farine « non panifiable » dans une préparation.

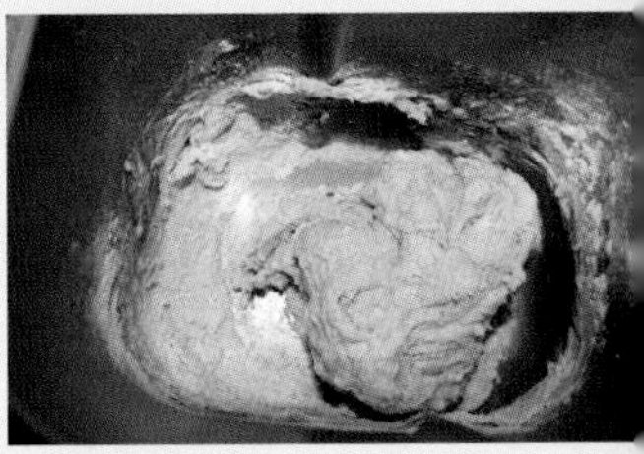

Pâton trop liquide

Les liquides

Le liquide est un élément essentiel du pain. Vous constaterez vite que si vous n'en avez pas mis assez, votre pain ne lèvera pas correctement et qu'à l'inverse, si vous en avez mis trop, il ressemblera à un gros champignon !
En théorie, la quantité de liquide doit être égale à la quantité totale des farines multipliée par le taux d'humidité (Th). Chaque marque de machine a son propre Th, mais le plus courant est de 60% (soit 0,6). Ainsi, pour 500 g de farine, vous devriez mettre 300 ml de liquide (500 x 0,6). Bien sûr, cette règle est théorique et doit parfois être nuancée.
L'eau est un élément de base, mais ajouter un peu de lait renforcera le moelleux du pain. Pourquoi ne pas mettre du jus de fruit pour les pains sucrés ? Ils seront ainsi plus savoureux et joliment colorés. Sans oublier le vin qui parfumera délicatement certains pains.

La levure, le sucre et le sel

Nous recommandons la plupart du temps d'utiliser de la levure déshydratée pour des raisons pratiques : elle se conserve longtemps et n'est pas compliquée à incorporer. Mais si vous préférez, vous pouvez la remplacer dans toutes les recettes par de la levure fraîche au goût très prononcé (1 c.c de levure déshydratée = 22 g de levure fraîche ;1,5 c.c de levure déshydratée = 30 g de levure fraîche).
Le sucre est un élément essentiel pour que la levure agisse et que le pain lève. C'est ce qui active la fermentation : si votre pain est plat, c'est peut-être parce que vous n'avez pas mis assez de sucre.
À l'inverse, le sel est un élément qui neutralise l'action de la levure. Attention donc à ne pas en mettre trop et à ne surtout jamais le placer dans la cuve en contact direct avec la levure. Le sel est toutefois important parce qu'il agit comme un exhausteur de goût renforçant les saveurs.

Pâton parfait

▶ **Facile**

Pain Blanc *

* *450 g de farine de blé T55*
- *270 ml d'eau*
- *20 ml de lait en poudre*
- *1,5 c.c de sel*
- *3 c.c de sucre*
- *25 g de beurre*
- *1,5 c.c de levure déshydratée*

* *Programme : Normal*

- Délayez le lait écrémé dans l'eau.
  Versez dans la cuve.
- Ajoutez délicatement la farine au-dessus du liquide.
- Dans des coins bien séparés ajoutez le sel, le beurre et le sucre.
- Formez un puits au centre de la farine, mais sans atteindre l'eau, dans lequel vous versez la levure.
- Lancez le programme.

Pour un pain blanc plus riche, ajoutez à la préparation 1 ou 2 œufs (selon leur taille), le pain sera plus savoureux et moelleux.

▶ **Moyen**

Pain de Mie

* *500 g de farine de blé T55*
- *85 ml d'eau*
- *150 ml de lait*
- *80 ml de crème fraîche*
- *1 œuf*
- *20 g de sucre*
- *40 g de beurre*
- *1 c.c de jus de citron*
- *1 c.c d'eau de fleur d'oranger*
- *1,5 c.c de sel*
- *1,5 c.c de levure déshydratée*

- Mettez l'eau, le lait, le jus de citron, l'eau de fleur d'oranger et la crème fraîche dans la cuve.
- Ajoutez l'œuf, le sucre et le beurre coupé en dés.
- Saupoudrez avec la farine.
- Mettez la levure dans un puits.
- Lancez le programme (Normal).

Vous pouvez faire des pains de mie plus originaux en remplaçant la moitié de la farine blanche par de la farine semi complète ou de la farine multi-céréales.

Pain Complet *

Moyen

- Mettez l'eau et le jus de citron dans la cuve.
- Incorporez le miel et les œufs.
- Ajoutez le beurre coupé en morceaux, le lait en poudre et le sel.
- Mettez la farine, puis la levure dans un puits.
- Lancez le programme.

Comme pour tous les pains, il peut être tentant de le déguster encore chaud, mais gare au mal au ventre !
Attendez 2 heures que votre pain puisse refroidir.

450 g de farine pour pain complet
- 50 g de farine de blé T55
- 280 ml d'eau
- 1 œuf et un jaune
- 5 c.c de miel liquide
- 3 c.c de lait en poudre
- 15 g de beurre
- 4 c.c de jus de citron
- 2 c.c de sel
- 2 c.c de levure déshydratée

* *Programme : Normal*

Pain au Son et Sarrasin

Moyen

Voici un pain riche et savoureux, idéal pour faciliter le transit intestinal.

- Placez l'eau minérale et le sel dans la cuve.
- Ajoutez le sucre, le lait en poudre et l'huile de noix.
- Mettez le beurre coupé en dés puis les farines et le son.
- Ajoutez la levure dans un puits.
- Lancez le programme (Normal).

* *75 g de farine de sarrasin*
- 75 g de farine bise T80
- 300 g de farine blé T55
- 300 ml d'eau minérale
- 1 c.s de sucre roux
- 1 c.s d'huile de noix
- 20 g de son de blé
- 15 g de beurre
- 1 c.s de lait en poudre
- 1 c.s de graines de sésame grillées
- 1 c.s de graines de pavot
- 1,5 c.c de sel
- 2 c.c de levure déshydratée

Facile

Pain de Campagne

** 350 g de farine de blé T55*
- 130 g de farine pour pain complet
- 150 ml d'eau
- 150 ml de lait
- 1,5 c.c de sel
- 3 c.c de sucre
- 30 g de beurre
- 1,5 c.c de levure déshydratée

** Programme : Pain Complet*

- Mettez l'eau et le lait dans la cuve.
- Ajoutez le sucre et le beurre coupé en dés.
- Saupoudrez avec les farines.
- Ajoutez dans des coins séparés, le sel et la levure.
- Lancez le programme.

Chef

Ciabatta *

** 300 g de farine de blé T 55*
- 80 g de farine de blé T 80
- 250 ml d'eau
- 2 c.s d'huile d'olive
- 1 c.c de sel
- 1 c.c de levure déshydratée

** Programme : Pâte Seule*

Ce pain d'origine italienne est très savoureux et léger. Il n'est pas pétri très longtemps afin de préserver les bulles de la mie.

- Mettez les ingrédients dans la cuve de la machine à pain et lancez le programme « pâte seule ».
- Au bout de 5 minutes, arrêtez la machine. Laissez le pâton lever dans la cuve pendant environ 2 heures.
- Farinez un papier sulfurisé et déposez la pâte, ce qui ne n'est pas facile, car elle est très molle. Fermez le papier sulfurisé pour que le pâton reste rectangulaire. Laissez reposer encore 1 heure.
- Ouvrez le papier et mettez dans un four préchauffé à 220°. Laissez cuire 20 minutes. Sortez le pain dont la croûte doit rester assez molle.

Pain à l'Avoine *

Facile

- Versez l'eau dans la cuve. Recouvrez avec les farines, puis avec les flocons d'avoine.
- Ajoutez le sel, le sucre et le beurre en plaçant ces ingrédients dans des coins différents de la cuve. Mettez ensuite la levure dans un petit puits au centre.
- Lancez le programme.
- Un quart d'heure avant la fin de la cuisson, vous pouvez saupoudrer le pain de quelques flocons d'avoine décoratifs.

** 375 g de farine de blé T55*
- 75 g de farine de blé complète
- 40 g de flocons d'avoine
- 320 ml d'eau
- 1 c.c de sel
- 1 c.c de sucre
- 40 g de beurre
- 1 c.c de levure déshydratée

** Programme : Normal*

Pain au Sésame

Facile

Très riche en anti-oxydants, le pain au sésame a également un goût incomparable. Il se marie à merveille avec les salades et les plats végétariens.

- Mettez l'eau dans la cuve et ajoutez le beurre coupé en dés, le sucre et la moitié des graines de sésame.
- Versez les farines par-dessus.
- Ajoutez dans des coins séparés de la cuve le sel et la levure.
- Lancez le programme.
- Au bip, ajoutez le reste des graines de sésame.

** 400 g de farine de blé T55*
- 50 g de farine de blé complète
- 280 ml d'eau
- 1,5 c.c de sel
- 2 c.c de sucre
- 10 g de beurre
- 30 g de graines de sésame
- 1,5 c.c de levure déshydratée

** Programme : Normal*

▶ **Facile**

Pain de Seigle *

** 150 g de farine de seigle*
- 225 g de farine de blé
- 300 ml d'eau
- 2 c.c de jus de citron
- 1 c.s d'huile d'olive
- 1 c.c de lait en poudre
- 1,5 c.c de sel
- 1 c.c de sucre
- 1,5 c.c de levure déshydratée

** Programme : Normal*

Apprécié par les amateurs de saumon fumé, ce pain est facile à réussir. Il accompagne plats de fruits de mer et poissons.

- Mettez l'eau, le jus de citron, l'huile et le lait en poudre dans la cuve.
- Recouvrez le liquide avec la farine de seigle puis la farine de blé.
- Mettez le sel et le sucre dans des coins séparés et, dans un puits, la levure.
- Lancez le programme.

Variante : Pour faire de délicieux canapés au saumon ou au pâté, faites un pain de seigle aux raisins en ajoutant simplement 60 g de raisins secs à votre préparation.

▶ **Facile**

Pain au Sarrasin et Noix

** 350 g de farine de blé T55*
- 150 g de farine de sarrasin
- 30 g de cerneaux de noix
- 320 ml d'eau
- 1 c.s de sel
- 1 c.c de sucre
- 1 c.s d'huile d'olive
- 1 c.c de jus de citron
- 1 c.c de lait en poudre
- 2 c.c de levure déshydratée

- Versez l'eau, l'huile d'olive, le jus de citron et le lait en poudre dans la cuve.
- Ajoutez les farines par-dessus. Mettez le sel et le sucre dans des coins séparés et la levure dans un puits au centre.
- Lancez le programme (Pain Complet).
- Au bip, ajoutez les cerneaux de noix, ainsi ils ne seront pas concassés par le pétrissage.

Le pain au sarrasin lève très peu et il peut ressembler à une sorte de galette à la mie très dense. Si vous voulez un pain plus élastique, il suffit d'ajouter 1 c.s de gluten.

Pain multi-céréales *

Moyen

Un pain aux 4 céréales très nutritif, idéal pour bien commencer la journée.

- Mélangez l'eau, le sel et le sucre dans la cuve.
- Ajoutez le beurre coupé en petits morceaux.
- Réservez 20 g de flocons d'avoine et 20 g de graines de sésame.
- Ajoutez la farine et le reste des céréales.
- Creusez un puits pour la levure et lancez le programme.
- Dans une poêle, faites revenir les flocons et les graines dans un peu d'huile avec une pincée de sel. À la fin du pétrissage, parsemez le pain avec les céréales légèrement humidifiées.

** 450 g de farine de blé*
- 100 g de farine de seigle
- 50 g de flocons d'avoine
- 50 g de graines de sésame
- 330 ml d'eau
- 1,5 c.c de sel
- 20 g de beurre
- 40 g de sucre roux
- 8 g de levure de boulangerie fraîche

** Programme : Pain Complet*

Pain Malté aux Céréales

Facile

Un pain délicieux au petit déjeuner avec un peu de beurre et de confiture de coings.

- Versez l'eau, l'huile et le lait en poudre dans la cuve de la machine à pain.
- Recouvrez avec la farine. Ajoutez le sel et le sucre dans des coins séparés et la levure dans un petit puits.
- Lancez le programme.
- Au bip, ajoutez des graines de tournesol et de lin selon votre convenance.
- 10 minutes avant la fin de la cuisson, saupoudrez la croûte de quelques graines de tournesol et de lin.

** 500 g de farine de malt*
- 280 ml d'eau
- 1,5 c.c de lait déshydraté
- 1,5 c.c de sel
- 1,5 c.s de sucre
- 2 c.s d'huile
- Graines de tournesol
- Graines de lin
- 1,5 c.c de levure déshydratée

** Programme : Normal*

▸ Facile

Pain Noir

* *500 g de farine de seigle complète*
- *350 ml d'eau*
- *1 c.s de graines de tournesol*
- *1 c.s de graines de sésame*
- *1 c.s de graines de lin*
- *1 c.c de sel*
- *1 c.s de mélasse*
- *1 c.c de levure déshydratée*

* *Programme : Pain Complet*

Cette recette d'origine allemande donne un pain très compact, noir, qui se coupe en tranches fines.
Il accompagne idéalement du fromage frais aux fines herbes.

- Versez l'eau dans la cuve, ajoutez la levure et laissez reposer 10 bonnes minutes.
- Ajoutez le sel et la mélasse.
- Mettez la farine puis la levure.
- Lancez le programme.
- Au bip, ajoutez les graines de sésame, de tournesol et de lin.

▸ Facile

Pain aux Germes de Blé

* *475 g de farine de blé T55*
- *50 g de germes de blé*
- *275 ml d'eau*
- *1 c.c de sel*
- *2 c.s d'huile (ou de beurre)*
- *1 c.c de miel liquide*
- *2 c.s de graines de sésame*
- *1,5 c.c de levure déshydratée*

* *Programme : Normal*

- Versez l'eau, l'huile et le miel liquide dans la cuve.
- Recouvrez avec la farine et les germes de blé.
- Ajoutez le sel et la levure dans des coins séparés.
- Lancez le programme.
- Au bip, saupoudrez les graines de sésame sur le pâton.
- Dix minutes avant la fin de la cuisson, à l'aide d'un pinceau, étalez du jaune d'œuf au-dessus du pain. Effet doré garanti !

Pain aux graines de Tournesol *

Facile

- Mettez l'eau et le sucre dans la cuve.
- Ajoutez l'huile d'olive, le sel et la moitié des graines de tournesol.
- Ajoutez les farines puis la levure.
- Lancez le programme.
- Au bip, ajoutez le reste des graines de tournesol.
- A la fin du pétrissage, parsemez la pâte de graines de tournesol légèrement grillées.

** 120 g de farine complète*
- 280 g de farine de blé T55
- 240 ml d'eau
- 1c.c de sucre
- 80 g de graines de tournesol
- 1,5 c.c d'huile d'olive
- 1,5 c.c de sel
- 1 c.c de levure déshydratée

** Programme : Normal*

Pain aux Oeufs

Facile

Ce pain, très doux et tendrement moelleux, est idéal pour les petits déjeuners savoureux.

- Versez l'eau, le miel liquide et l'huile dans la cuve.
- Saupoudrez avec les farines.
- Mettez le sel et le sucre dans des coins séparés. Creusez un puits au centre pour mettre la levure.
- Lancez le programme.

** 450 g de farine de blé T55*
- 50 g de farine T 80
- 2 oeufs
- 300 ml d'eau
- 1,5 c.c de sel
- 1 c.c d'huile
- 1 c.c de miel liquide
- 2 c.c de levure déshydratée

** Programme : Normal*

▶ **Moyen**

Pain à la Bière *

* *350 g de farine de blé T55*
- *80 g de farine de seigle ou complète*
- *260 ml de bière*
- *20 g de beurre*
- *3 c.c de miel*
- *1,5 c.c de sel*
- *1,5 c.c de levure déshydratée*

* *Programme : Normal ou Complet*

- Mélangez la levure et la bière dans un récipient. Laissez reposer 10 bonnes minutes.
- Versez dans la cuve en ajoutant le sucre et le sel.
- Mettez le miel liquide et le beurre.
- Ajoutez les farines et la levure dans un petit puits.
- Lancez le programme.

Variante : Pain au Cidre : 250 g de farine de blé T55 / 150 g de farine de seigle / 100 g de farine de blé complète / 200 ml de cidre / 100 ml d'eau / 1 c.c de sel / 8 g de levure de boulanger.

▶ **Facile**

Pain à la Moutarde

* *500 g de farine de blé T55*
- *6 c.s de moutarde à l'ancienne*
- *290 ml d'eau*
- *1 c.s d'huile d'olive*
- *1,5 c.c de sel*
- *2 c.c de sucre*
- *1 branche de persil*
- *2 c.c de levure déshydratée*

* *Programme : Normal*

Un pain savoureux, pas trop corsé, qui se déguste idéalement avec des viandes en sauce ou du fromage de chèvre frais.

- Versez l'eau et l'huile d'olive dans la cuve de la machine à pain.
- Recouvrez avec la farine. Dans des coins séparés, ajoutez le sel et le sucre et, dans un petit puits au centre, la levure.
- Lancez le programme.
- Au bip, mettez la moutarde à l'ancienne et ciselez le persil au-dessus de la préparation.

Baguette

Chef ◄

- Versez les liquides dans la cuve et recouvrez avec les farines. Mettez le sel et le sucre dans des coins séparés et la levure dans un petit puits. Lancez le programme.
- Lorsque le pétrissage est terminé, sortez le pâton de la cuve et divisez-le en 3 ou 4 portions à peu près égales.
- Etalez chaque portion jusqu'à former des rectangles. Repliez alors une première fois la pâte sur elle-même. Répétez cette opération deux fois jusqu'à former une sorte de boudin. Les plis doivent se trouver en dessous. Sur le dessus, faites quatre ou cinq entailles avec un couteau. Placez chaque boudin sur une plaque et laissez lever trois quarts d'heure.
- Préchauffez votre four à 220°. Enfournez les baguettes et jetez dans le four un fond de verre d'eau (c'est le "coup de buée"). Laissez cuire environ 20 minutes.

** 400 g de farine de blé T55*
- 100 g de farine complète
- 100 g de farine d'épeautre
- 380 ml d'eau
- 2 c.c de sel
- 2 c.c de sucre
- 1 c.c d'huile d'olive
- 1,5 c.c de levure déshydratée

** Programme : Pâte Seule*

Pain Marbré au Pesto *

Moyen ◄

- Versez le lait, l'eau et l'huile d'olive dans la cuve. Recouvrez avec la farine. Ajoutez le sel et le sucre dans des coins séparés et la levure dans un petit puits. Lancez le programme.
- Sortez le pâton de la cuve et étalez-le avec un rouleau à pâtisserie sur une table farinée.
- Répartissez dessus le pesto en laissant au moins 1,5 cm de pâte sans sauce de chaque côté.
- Enroulez la pâte sur elle-même de manière à ce que la sauce soit à l'intérieur. Placez le pâton dans un moule.Laissez reposer 1 heure jusqu'à ce que la pâte ait doublé de volume.
- Faites cuire dans un four préchauffé à 220° environ 30 minutes.

** 500 g de farine de blé T55*
- 150 ml de lait
- 150 ml d'eau
- 2 c.s d'huile d'olive
- 1,5 c.c de sucre
- 1 c.c de sel
- 5 c.s de sauce pesto
- 1,5 c.c de levure déshydratée

** Programme : Pâte Seule*

▶ **Facile**

Pain aux Herbes *

* *300 g de farine de blé T55*
- *100 g de farine complète*
- *4 c.c d'herbes de Provence ou d'herbes fraîches*
- *1 gousse d'ail hachée*
- *1,5 c.c de sel*
- *1 c.c de sucre*
- *2 c.c d'huile d'olive*
- *1,5 c.c de levure déshydratée*

* *Programme : Normal*

- Versez l'eau et l'huile d'olive dans la cuve.
- Mettez les herbes finement hachées et l'ail.
- Ajoutez les farines par-dessus.
- Mettez le sel et le sucre dans des coins séparés et la levure dans un puits au centre.
- Lancez le programme.

Variante : vous pouvez ajouter, à la fin du pétrissage, des graines de tournesol ou de sésame sur la croûte. Ce pain accompagne divinement les salades et de manière générale les plats estivaux.

▶ **Facile**

Pain aux Oignons Frits

* *500 g de farine de blé T 55*
- *290 ml d'eau*
- *2 c.s d'huile d'olive*
- *3 c.c de sucre*
- *2 c.c de sel*
- *1 c.c d'herbes de Provence*
- *100 g d'oignons*
- *50 g de fromage râpé*
- *2 c.c de levure déshydratée*

* *Programme : Normal*

- Emincez l'oignon et faites-le revenir dans une poêle.
- Mettez l'eau, l'huile, le sucre et le sel dans la cuve.
- Ajoutez le fromage râpé (comté, gruyère...), les herbes ainsi que la farine.
- Mettez la levure dans un puits.
- Lancez le programme.
- Au bip, ajoutez les oignons à la préparation.

Variante : pour un pain plus riche, ajoutez quelques lardons à la préparation. Faites-les revenir dans une poêle avec un petit oignon émincé. Divisez aussi par deux la quantité de sel.

Pain aux Épices *

Facile

- Versez l'eau, l'huile de tournesol et le mélange aux 5 épices dans la cuve.
- Saupoudrez avec les farines.
- Mettez le sel et le sucre dans des coins séparés. Placez la levure dans un puits au centre.
- Lancez le programme.

Le fameux « 5 épices » est un mélange de cannelle, badiane, anis, gingembre et cardamome habituellement utilisé pour adoucir les currys. Vous pouvez relever ce mélange en ajoutant, justement, un peu de curry.

** 250 g de farine de blé T55*
- 250 g de farine complète
- 2 c.c de mélange aux 5 épices
- 1,5 c.c de sel
- 1 c.c de sucre
- 2 c.s d'huile de tournesol
- 300 ml d'eau
- 2 c.c de levure déshydratée

** Programme : Pain Complet*

Pain des Caraïbes

Moyen

Ce pain se marie bien avec les recettes créoles et indiennes, très épicées et chaleureuses.

- Dans une poêle, faites revenir l'oignon émincé avec la tomate coupée en fins quartiers.
- Versez l'eau, l'huile d'olive et le jus de citron dans la cuve. Mélangez le curry, le piment et le colombo.
- Ajoutez la farine. Mettez le sel et le sucre dans des coins séparés et la levure dans un puits au centre.
- Lancez le programme (Normal).
- Au bip, ajoutez le poivre coloré.

** 500 g de farine de blé T55*
- 1 tomate et 1 oignon
- 2 c.c de curry
- ½ c.c de piment
- ½ c.c de colombo
- 1,5 c.s d'huile d'olive
- 1 c.s de poivre coloré
- 1 c.c de sel
- 2 c.c de sucre
- 1 c.s de jus de citron
- 2 c.c de levure déshydratée

▶ **Chef**

Couronne *

* *500 g de farine de blé T55*
- *200 g de yaourt nature*
- *150 ml d'eau*
- *1,5 c.c de sel*
- *2 c.c de sucre*
- *1,5 c.c de levure déshydratée*

* *Programme : Pâte Seule*

- Versez l'eau et le yaourt dans la cuve. Ajoutez la farine. Mettez le sel et le sucre dans des coins séparés et la levure au centre. Lancez le programme.
- Sortez le pâton de la cuve et étalez-le sur une plaque légèrement farinée en faisant en sorte que la pâte forme un rond.
- Faites un trou au centre de la pâte (d'un diamètre d'environ 10 cm). Mettez un saladier préalablement beurré dans le trou afin qu'il en préserve la forme.
- Couvrez le tout avec un film plastique et laissez reposer une demi-heure (pour que la pâte double de volume).
- Retirez le film plastique avant de mettre la pâte dans un four préchauffé à 220°. Laissez cuire environ 20 mn.

▶ **Moyen**

Pain Roquefort et Noix

* *500 g de farine de blé T55*
- *100 g de roquefort*
- *50 g de noix*
- *300 ml d'eau*
- *10 ml de lait*
- *2 c.s d'huile d'olive*
- *1,5 c.c de sel*
- *2 c.c de sucre*
- *1,5 c.c de levure déshydratée*

* *Programme : Normal*

Un pain délicieux, à déguster avec un peu de beurre ou une simple salade verte légèrement assaisonnée.

- Versez l'eau, le lait et l'huile d'olive dans la cuve de la machine à pain.
- Recouvrez avec la farine. Mettez le sel et le sucre dans des coins séparés et la levure dans un petit puits au centre.
- Lancez le programme.
- Au bip, ajoutez les noix et le roquefort coupé en dés.

▶ Facile

Pain au Bleu d'Auvergne

* 400 g de farine de blé T55
- 50 g de farine de seigle
- 70 g de bleu d'Auvergne
- 30 g de noix
- 280 ml d'eau
- 1,5 c.c de sel
- 1 c.c de sucre
- 1 c.s d'huile d'olive
- 1,5 c.c de levure déshydratée

* Programme : Normal

- Versez l'eau et l'huile d'olive dans la cuve.
- Coupez le fromage en petits dés et versez-les dans la cuve.
- Ajoutez les farines. Mettez ensuite le sel et le sucre dans des coins séparés et la levure dans un puits au centre.
- Lancez le programme.
- Au bip, ajoutez les noix.

Variante : vous pouvez varier en mettant du roquefort, du bleu des Causses ou bleu de Bresse et déguster avec une salade.

▶ Facile

Pain à la Châtaigne *

* 300 g de farine de blé T55
- 200 g de farine de châtaigne
- 280 ml d'eau
- 2 c.c de sel
- 2,5 c.c de sucre
- 25 g de beurre
- 1,5 c.c de lait en poudre
- 1,5 c.c de levure déshydratée

* Programme : Normal ou Complet

- Placez dans la cuve, l'eau, le sel, le sucre et le lait en poudre.
- Ajoutez le beurre coupé en dés.
- Ajoutez la farine dans la cuve.
- Mettez la levure dans un puits.
- Lancez le programme.

Variante : pour un pain d'hiver parfait, ajoutez à la préparation 50 g de lardons ou 60 g de vraies châtaignes cuites à l'eau et écrasées en purée grossière (dans ce dernier cas retranchez 50 g de farine de châtaigne).

Pain aux Noix et Figues *

Facile

Un pain du Sud à déguster avec des plats à base de volaille ou une confiture de figues.

- Versez l'eau, le jus de citron, le lait en poudre et le beurre dans la cuve.
- Recouvrez avec les farines, puis ajoutez le sel, le sucre et, dans un puits au centre, la levure.
- Lancez le programme (Normal ou Complet).
- Au bip, ajoutez les morceaux de noix et les figues.

** 350 g de farine de blé T55*
- 100 g de farine complète
- 280 ml d'eau
- 1,5 c.c de jus de citron
- 2 c.s de lait en poudre
- 1,5 c.c de sel
- 1 c.s de sucre
- 20 g de beurre
- 40 g de noix coupées en morceaux
- 40 g de figues séchées coupées en morceaux
- 1,5 c.c de levure déshydratée

Pain au Chili

Moyen

- Mettez le lait, les œufs battus, le yaourt, le parmesan râpé et le beurre coupé en dés dans la cuve.
- Ajoutez les farines. Mettez le sel et le sucre dans des coins séparés et la levure au centre dans un puits.
- Lancez le programme (Cake).
- Pendant ce temps, hachez finement l'oignon et les piments frais.
- Au bip, mettez les piments et l'oignon dans la cuve.

Si vous n'avez pas de piments frais, vous pouvez remplacer par du mélange pour chili en poudre (2 c.c). C'est moins bon et moins beau, les piments frais colorant le pain de vert et de rouge.

** 150 g de farine de maïs*
- 250 g de farine de blé T55
- 350 ml de lait
- 50 g de beurre
- 50 g de parmesan
- 1 oignon haché
- 150 g de yaourt
- 2 oeufs
- 1 c.c de sel
- 1 c.s de sucre
- 1 c.c de poivre
- 2 piments de chili séchés, rouge et vert
- 2 c.s de levure déshydratée

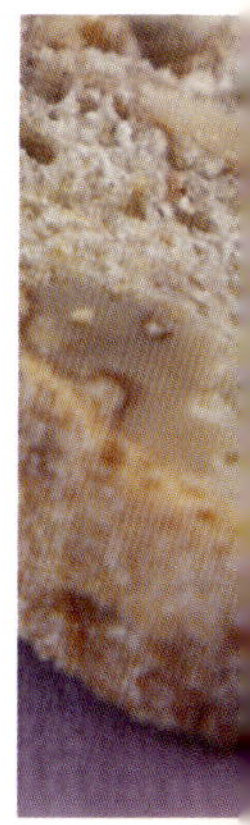

▶ **Facile**

Pain aux Flocons de Pommes de Terre *

- ** 450 g de farine de blé T55*
- *- 50 g de flocons de pommes de terre*
- *- 280 ml d'eau*
- *- 20 ml de lait*
- *- 1 c.s d'huile d'olive*
- *- 1 c.c de sel*
- *- 1 c.c de sucre*
- *- 1 c.c d'ail semoule*
- *- 1,5 c.c de levure déshydratée*

** Programme : Normal*

Ce pain savoureux est très tendre et moelleux. On peut, par exemple, le déguster avec des poissons en sauce.

- Versez le lait, l'eau, l'ail et l'huile d'olive dans la cuve de la machine à pain.
- Recouvrez avec la farine et les flocons de pommes de terre.
- Mettez le sel et le sucre dans des coins séparés et la levure au centre dans un petit puits.
- Lancez le programme.

▶ **Moyen**

Pain au Riz

- ** 425 g de farine de blé T55*
- *- 150 g de riz blanc*
- *- 240 ml d'eau*
- *- 1 œuf*
- *- 1,5 c.s de lait en poudre*
- *- 2 c.c de sel*
- *- ½ c.c de poivre*
- *- 2 c.c de sucre*
- *- 15 g de beurre*
- *- 1 c.c de levure déshydratée.*

** Programme : Normal*

- Faites cuire le riz, puis égouttez-le très soigneusement.
- Mettez l'eau dans la cuve, puis ajoutez l'œuf.
- Ajoutez ensuite le riz refroidi, le poivre et le lait en poudre.
- Saupoudrez avec les farines.
- Mettez le sucre, le sel et le beurre dans des coins séparés de la machine à pain. Creusez un puits au centre et mettez la levure.
- Lancez le programme. Surveillez le pâton et ajoutez de la farine s'il est trop collant.

▶ **Facile**

Pain aux Tomates et Basilic

** 500 g de farine de blé T55*
- 290 ml d'eau
- 2 tomates
- Une dizaine de feuilles de basilic frais
- 1 gousse d'ail
- 2 c.s d'huile d'olive
- 2 c.s de gruyère râpé
- 2 c.c de sucre
- 2 c.c de sel
- 1,5 c.c de levure déshydratée

** Programme : Normal*

- Versez l'eau, l'huile, le sel et le sucre dans la cuve.
- Recouvrez avec les farines. Ajoutez alors le basilic haché, l'ail et la levure dans un puits au centre.
- Pelez les tomates, coupez-les en petits quartiers et mettez-les dans la cuve.
- Lancez le programme.
- Dix minutes avant la fin de la cuisson, parsemez le pain de gruyère râpé pour donner à la croûte un aspect bien gratiné.

▶ **Moyen**

Pain aux Olives *

** 500 g de farine de blé T55*
- 270 ml d'eau
- 2,5 c.s d'huile d'olive
- 90 g d'olives dénoyautées (noires et vertes)
- 2,5 c.c de lait en poudre
- 3 c.c de sucre
- 1 c.c de menthe
- 1 c.c de sel
- 1,5 c.c de levure déshydratée

** Programme : Normal*

Voici un pain qui respire le soleil de la Méditérranée, parfait avec un plat de tomates-mozarella par exemple.

- Laissez tremper vos olives émincées dans l'huile pendant une bonne heure.
- Placez l'eau, le lait en poudre et l'huile dans la cuve.
- Ajoutez le sel, le sucre, puis la farine.
- Mettez la levure dans un petit puits.Lancez le programme.
- Au bip, ajoutez les olives coupées en morceaux et la menthe (fraîche ou déshydratée). Quelques minutes avant la fin de la cuisson, parsemez la croûte de grains de pavot humides.

Pain aux Tomates Séchées *

Moyen

- Égouttez les tomates séchées (généralement conservées dans de l'huile d'olive). Coupez-les en carrés et saupoudrez avec la menthe (si possible fraîche) finement émincée et les herbes de Provence. Laissez reposer une demi-heure.
- Mettez l'eau, le sucre et l'huile dans la cuve.
- Recouvrez avec la farine et ajoutez la levure dans un petit puits.
- Lancez le programme.
- Au bip, ajoutez les tomates et leur assaisonnement.

** 500 g de farine T55*
- 250 ml d'eau
- 1 c.s de sucre
- 1 c.s d'huile d'olive
- 1 c.s d'herbes de Provence
- 2 c.c de sel
- 1 feuille de menthe
- 100 à 150 g de tomates séchées
- 1,5 c.c de levure déshydratée

** Programme : Normal*

Pain à l'Ail

Facile

- Faites revenir les gousses d'ail finement émincées dans un peu d'huile d'olive.
- Versez l'eau et l'huile dans la cuve.
- Recouvrez avec les farines. Mettez le sel et le sucre dans des coins séparés et la levure dans un puits.
- Ajoutez le persil et l'ail en poudre.
- Lancez le programme.
- Au bip, versez les gousses d'ail rissolées dans la cuve.

Vous pouvez également mettre quelques feuilles de basilic et, pour déguster le pain, frotter les tranches avec une gousse d'ail, mettre un filet d'huile d'olive et quelques grains de gros sel de Guérande.

** 450 g de farine de blé T55*
- 50 g de farine de seigle
- 290 ml d'eau
- 1,5 c.c de sel
- 2 c.c de sucre
- 2 c.s d'huile d'olive
- 4 gousses d'ail
- ½ c.c d'ail en poudre
- 1 branche de persil
- 1,5 c.c de levure déshydratée

** Programme : Normal*

▶ Moyen

Pain à la Citrouille *

* 200 g de citrouille
- 425 g de farine de blé T55
- 75 g de farine de maïs
- 1,5 c.c de sel
- 2 c.s d'huile d'olive
- 100 ml de babeurre
- 120 ml d'eau
- 2 c.s de graines de citrouille
- 1 c.c de levure déshydratée

* Programme : Normal

Un pain joliment orangé à servir avec les soupes d'hiver, au coin du feu.

- Quand la citrouille est cuite (à l'eau), écrasez-la en purée dans un saladier et mettez-la dans la cuve de la machine à pain.
- Ajoutez l'eau, le babeurre et l'huile d'olive.
- Recouvrez avec les farines. Mettez le sel et la levure dans des coins séparés.
- Lancez le programme.
- Au bip, ajoutez les graines de citrouille.

▶ Facile

Pain à la Carotte

* 500 g de farine de blé T55
- 200 g de carottes râpées
- 220 ml d'eau
- 2 c.s d'huile d'olive
- 2 c.s de lait en poudre
- 1,5 c.c de sel
- 1,5 c.c de levure déshydratée

* Programme : Normal

- Versez l'eau et l'huile dans la cuve.
- Ajoutez les carottes râpées.
- Recouvrez avec les farines. Mettez le sel et la levure dans des coins séparés.
- Lancez le programme.

Variante : vous pouvez varier en faisant le même pain avec 200 g de carottes préalablement cuites et écrasées en purée. Le résutat sera alors plus moelleux... mais pas aussi joli.

Pain Jambon, Champignons, Fromage *

Facile

Un pain riche et plein de saveurs à déguster en entrée avec une salade ou un plat de charcuterie.

- Mettez l'eau et l'huile d'olive dans la cuve.
- Recouvrez avec la farine et le fromage râpé. Ajoutez le sel et le poivre dans des coins séparés et la levure dans un puits au centre.
- Lancez le programme.
- Coupez le jambon en petits dés et les champignons en fines tranches. Au bip, ajoutez-les dans la cuve.

** 500 g de farine de blé T55*
- 1 tranche de jambon
- 30 g de champignons
- 20 g de fromage râpé
- 300 ml d'eau
- 1 c.s d'huile d'olive
- 1,5 c.c de sel
- 2 c.c de sucre
- 1,5 c.c de levure déshydratée

** Programme : Normal*

Pain de Campagne aux Lardons

Moyen

- Faites revenir les lardons dans une poêle, en ajoutant éventuellement des herbes aromatiques. Faites de même avec les poivrons coupés en petits carrés.
- Mettez l'eau et le lait dans la cuve.
- Ajoutez le sucre, le beurre coupé en dés, le sel.
- Recouvrez avec les farines et ajoutez la levure et le gluten (optionnel).
- Au bip, incorporez les lardons.

Variante : faites revenir les lardons et les poivrons avec un petit oignon finement émincé. Vous pouvez évidemment vous passer des poivrons si vous ne les appréciez pas.

** 340 g de farine de blé*
- 130 g de farine complète
- 150 ml d'eau
- 150 ml de lait
- 3 c.c de sucre
- 40 g de beurre
- (1 c.c de gluten)
- 200 g de lardons
- 100 g de poivrons frais
- 1 c.c de sel
- 1,5 c.c de levure déshydratée

** Programme : Pain Complet*

▶ **Facile**

Pain au Boursin *

** 480 g de farine de blé T55*
- 220 ml d'eau
- 2 c.c de lait en poudre
- 1,5 c.c de sel
- 2 c.c de sucre
- 150 g de boursin
- 1 c.c de persil déshydraté
- 1,5 c.c de levure déshydratée

** Programme : Normal*

Voici un pain au goût d'ail assez prononcé, parfait avec des grillades ou une tranche de jambon de Parme.

- Mélangez l'eau et le lait en poudre dans la cuve.
- Ajoutez le sucre et le sel.
- Mettez le boursin coupé en gros morceaux.
- Mettez les farines et la levure dans un petit puits.
- Lancez le programme.
- À la fin du pétrissage vous pouvez saupoudrer la pâte de grains de cumin et de persil.

▶ **Moyen**

Pain Feta Épinards

** 480 g de farine de blé T55*
- 280 ml d'eau
- 100 g d'épinards cuits
- 2 branches d'épinards frais
- 150 g de feta
- 2 c.s d'huile d'olive
- 1,5 c.c de sel
- 2 c.c de sucre
- 1,5 c.c de levure déshydratée

** Programme : Normal*

Un pain corsé à déguster avec la cuisine du Sud, grecque en particulier, ou bien seul, comme un cake, avec une salade verte et du fromage.

- Faites cuire les épinards. Coupez la feta en dés.
- Versez l'eau, l'huile, la feta et les épinards ciselés dans la cuve.
- Recouvrez avec la farine. Mettez le sel et le sucre dans des coins séparés et la levure au centre dans un puits.
- Lancez le programme.
- Au bip, saupoudrez de morceaux d'épinards grossièrement coupés à la main.

Pain aux Pruneaux

Facile

- Versez l'eau, le lait en poudre et l'huile.
- Mettez les farines. Ajoutez le sel et le sucre dans des coins séparés. Mettez la levure dans un petit puits au centre.
- Lancez le programme.
- Dénoyautez les pruneaux s'ils ne le sont pas déjà et coupez-les en morceaux de taille moyenne.
- Au bip, ajoutez les pruneaux.

Pour vous croire totalement dans le Sud-ouest de la France, vous pouvez ajouter des noix. Dans ce cas, diminuez un peu le nombre de pruneaux.

* *400 g de farine de blé T55*
- *100 g de farine complète T 150*
- *280 ml d'eau*
- *1 c.c de lait en poudre*
- *1 c.s d'huile*
- *1 c.c de sel*
- *1 c.s de sucre*
- *10 pruneaux d'Agen dénoyautés*
- *1,5 c.c de levure déshydratée*

* *Programme : Normal*

Pain aux Noix et Raisins *

Facile

Ce pain accompagne à merveille les fromages et les salades. Il se déguste également en apéritif.

- Mettez l'eau et l'huile dans la cuve.
- Recouvrez avec les farines. Ajoutez le sel et le sucre dans des coins séparés et la levure dans un petit puits au centre.
- Lancez le programme.
- Au bip, ajoutez les noix grossièrement coupées à la main et les raisins secs.

* *400 g de farine de blé T55*
- *100 g de farine de seigle*
- *300 ml d'eau*
- *50 g de noix*
- *30 g de raisins secs*
- *1,5 c.c de sel*
- *1,5 c.s de sucre*
- *2 c.s d'huile de noix*
- *1,5 c.c de levure déshydratée*

* *Programme : Normal*

Pain aux Fruits Secs *

Moyen

- Mettez les raisins à tremper dans de l'eau tiède pendant une demi-heure.
- Mettez les poires et les pruneaux dans une casserole avec un peu d'eau et faites cuire 10 mn. Egouttez.
- Coupez les poires, les pruneaux et les figues en lamelles.
- Écrasez les cerneaux de noix.
- Hachez finement l'écorce d'orange, râpez le zest d'un demi citron et pressez jusqu'à obtenir 10 ml de jus.
- Versez les ingrédients en commençant par les liquides et en terminant par la farine.
- Lancez le programme (Normal ou Complet).

* 250 g de farine de seigle
- 125 ml d'eau
- 150 g de poires séchées, 100 g de figues séchées,100 g de pruneaux dénoyautés, 100 g de raisins secs, 50 g de poudre de noisette, 50 g de cerneaux de noix, 25 g d'écorce d'orange confite
- 1 citron
- 25 g de sucre
- 1 c.s de rhum
- 1 c.c de cannellle
- 20 g de levure fraîche

Pain Poire et Chocolat

Moyen

- Écrasez la poire en purée et mettez-la dans un verre mesureur. Ajoutez du nectar pour arriver jusqu'à 270 ml. Complétez enfin avec du lait jusqu'à 300 ml.
- Versez le mélange ainsi obtenu dans la cuve.
- Recouvrez avec les farines. Mettez le sel et le sucre dans des coins séparés et la levure dans un petit puits.
- Lancez le programme.
- Au bip, ajoutez les pépites de chocolat.

Pour avoir des morceaux de poire dans la mie du pain, prenez une poire petite, pas très mûre, coupez-la en dés et ajoutez-la au bip. À déguster avec un peu de beurre et quelques carrés de chocolat noir.

* 400 g de farine de blé T55
- 50 g de farine de seigle
- 1 poire
- 50 g de pépites de chocolat
- Lait
- Nectar de poire
- 1 c.c de sel
- 3 c.s de sucre vanillé
- 1,5 c.c de levure déshydratée

* Programme : Normal

▶ **Facile**

Pain au Muesli *

*350 g de farine de blé T55
- 240 ml de lait
- 3,5 c.s de sucre
- 4 pruneaux
- 90 g de muesli
- 25 g de beurre
- 1c.c de sel
- 1,5 c.c de levure déshydratée.

Programme : Pain Sucré

Voici un pain énergétique et équilibré, parfait pour le petit déjeuner de toute la famille.

- Mettez le lait, le sucre et le beurre coupé en dés dans la cuve.
- Saupoudrez avec la moitié de la farine.
- Ajoutez le muesli et les pruneaux coupés en gros morceaux.
- Mettez le reste de la farine et enfin la levure dans un puits.
- Lancez le programme.
- 5 minutes avant la fin du programme, saupoudrez la croûte avec 4 c.c de muesli légèrement humidifié.

▶ **Facile**

Pain Banane et Noix de Pécan

*400 g de farine de blé T55
- 50 g de farine de seigle
- 1 banane
- 50 g de noix de pécan
- Lait
- Eau
- 1 c.c de sel
- 3 c.s de sucre
- 1,5 c.c de levure déshydratée

Programme : Normal

- Écrasez la banane en purée et mettez-la dans un verre mesureur. Ajoutez du lait pour arriver jusqu'à 270 ml. Complétez enfin avec de l'eau jusqu'à 300 ml.
- Versez le mélange ainsi obtenu dans la cuve de la machine à pain et ajoutez la moitié des noix de pécan, réservez le reste.
- Recouvrez avec les farines. Mettez le sel et le sucre dans des coins séparés et la levure dans un petit puits au centre.
- Lancez le programme.
- Au bip, ajoutez l'autre moitié des noix de pécan.

Pain Orange et Abricots *

Moyen

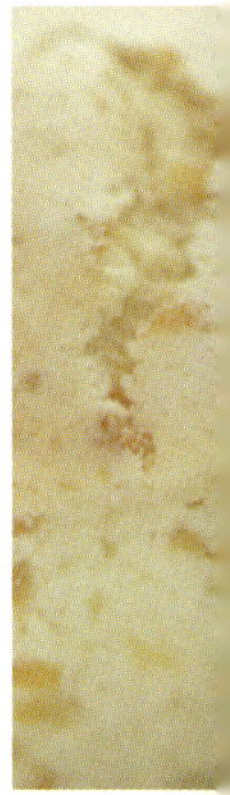

Un pain sucré délicieux au petit déjeuner
avec un peu de confiture.

- Mettez les jus de fruit, l'eau, l'huile (ou le beurre) et la cannelle dans la cuve. Râpez au-dessus le zest de l'orange.
- Versez la farine par-dessus. Ajoutez le sucre et le sel dans des coins séparés et la levure au centre dans un puits.
- Lancez le programme (Normal).
- Dénoyautez les abricots et coupez-les en dés fins. Au bip, ajoutez-les à la préparation.

** 450 g de farine de blé T55*
- 150 ml d'eau
- 60 ml de jus d'orange
- 60 ml de jus d'abricot
- 2 c.s de sucre
- 1 c.c de sel
- 2 c.s d'huile de tournesol ou de beurre
- 1 orange
- 2 abricots
- 1 c.c de cannelle en poudre
- 1,5 c.c de levure déshydratée

Pain Yaourt et Miel

Facile

- Versez l'eau, le miel, le yaourt et l'huile (ou le beurre) dans la cuve de la machine à pain.
- Recouvrez avec les farines.
- Ajoutez le sel et la levure dans des coins séparés.
- Lancez le programme.

** 500 g de farine de blé T55*
- 150 g de yaourt nature
- 5 c.s de miel liquide
- 2 c.s d'huile de tournesol (ou de beurre)
- 200 ml d'eau
- 1 c.c de sel
- 1,5 c.c de levure déshydratée

** Programme : Normal*

Pour retrouver la saveur authentique de ce pain traditionnel des îles grecques, ajoutez 2 c.s de graines de fenouil dans la farine. Etonnant et délicieux.

Pain d'Épices Tradition *

Chef

- Faites chauffer dans une casserole à feu doux, l'eau, le miel (très parfumé, type lavande), le lait en poudre, le pastis et le beurre coupé en dés.
- Versez dans la cuve, puis mettez le sucre, les amandes et les farines.
- Dans un coin de la cuve, mettez 2 c.c d'un mélange d'épices variées.
- Ajoutez dans des coins séparés la levure et le bicarbonate de soude.
- Lancez le programme (Cake ou Pain Complet).
- Servez avec un glaçage citronné.

**120 g de farine T45*
- 80 g de farine de blé complète
- 4 c.c de lait en poudre
- 250 g de miel
- 100 g de beurre
- 1 oeuf
- 1,5 c.c de bicarbonate
- 2 c.c de pastis
- 50 g de sucre roux
- 3 c.c d'amandes en poudre
- 2 c.c d'épices (cannelle, nois de muscade, girofle, gingembre…)
- 1 sachet de levure chimique

Pain au Thé et aux Raisins

Facile

Pour cette préparation, choisissez votre thé favori (à l'exception des thés fumés). Ce pain se déguste idéalement à l'heure du tea-time, *Of course !*

- Faites infuser pendant environ un quart d'heure du thé dans 300 ml d'eau chaude.
- Versez le thé, l'huile (ou le beurre), le miel et le sucre dans la cuve de la machine à pain.
- Recouvrez avec la farine. Ajoutez le sel et la levure dans des coins séparés.
- Lancez le programme.
- Au bip, ajoutez les raisins secs.

** 500 g de farine de blé T55*
- 2 c.s d'huile de tournesol (ou de beurre)
- 50 g de raisins secs
- 300 ml de thé
- 1 c.c de sel
- 3 c.s de miel
- 1 c.c de sucre
- 1,5 c.c de levure déshydratée

** Programme : Normal*

Brioche Tradition *

Moyen

- Battez les œufs en omelette, incorporez le sel et mettez dans la cuve.
- Ajoutez la crème fraîche, l'eau de fleur d'oranger et le zeste d'agrume.
- Versez le sucre puis la farine.
- Coupez le beurre en petits morceaux et placez-les dans les coins de la cuve.
- Au centre de la farine, mettez la levure.
- Lancez le programme.

Variante : utilisez du sucre vanillé et ajoutez 60 g de raisins secs à la préparation. Vous pouvez aussi parsemer la croûte d'amandes effilées à la fin du pétrissage.

** 350 g de farine T45*
- 10 ml de crème fraîche
- 3 œufs
- 125 g de beurre
- 1 c.s d'eau de fleur d'oranger
- 1 zeste d'orange ou de citron
- ½ c.c de sel
- 60 g de sucre
- 12 g de levure fraîche

** Programme : Pain Sucré*

Brioche aux Raisins Secs

Facile

- Dans un verre doseur, mettez les œufs battus et ajoutez du lait pour arriver à 300 ml.
- Versez le liquide dans la cuve de la machine à pain et ajoutez le beurre coupé en dés, le sucre, le sucre vanillé et la fleur d'oranger.
- Recouvrez avec la farine et mettez la levure dans un puits.
- Lancez le programme.
- Au bip, ajoutez les raisins.

Variante : vous pouvez remplacer les raisins par des fruits confits dans les mêmes proportions.

** 500 g de farine de blé T55*
- 60 g de sucre
- 2 sachets de sucre vanillé
- 3 œufs
- 100 g de beurre
- Lait
- 3 c.s de fleur d'oranger
- 100 g de raisins secs
- 1,5 c.c de levure déshydratée

** Programme : Normal ou Sucré*

▶ Moyen

Pain brioché Chocolat & Orange

* *450 g de farine de blé T55*
- *50 ml de jus d'orange*
- *190 ml de lait*
- *60 g de pépites de chocolat*
- *1 orange*
- *1 c.c de sel*
- *3 c.s de sucre vanillé*
- *30 g de beurre*
- *1,5 c.c de levure déshydratée*

* *Programme : Normal ou Sucré*

Idéal pour les petits déjeuners, ce pain brioché se déguste nature ou avec votre confiture préférée.

- Versez le lait, le jus d'orange, le beurre coupé en dés et le sucre vanillé dans la cuve. Râpez au-dessus le zeste de l'orange.
- Recouvrez avec la farine. Mettez le sel et la levure dans des coins séparés.
- Lancez le programme.
- Au bip, ajoutez les pépites de chocolat.

▶ Chef

Brioche Fourrée à l'Abricot *

* *500 g de farine de blé T55*
- *3 œufs*
- *110 g de beurre*
- *140 g de crème fraîche*
- *90 g de sucre en poudre*
- *Confiture d'abricot (ou de fraise, etc.)*
- *1,5 c.c de sel*
- *2 c.c de levure instantanée*

* *Programme : Pâte Seule*

- Battez les œufs en omelette avec le sucre et la crème.
- Versez dans la cuve, ajoutez le beurre coupé en dés. Recouvrez avec la farine, mettez le sel et la levure dans des coins séparés. Lancez le programme.
- À la fin du cycle, sortez la pâte de la cuve et étalez-la sur une surface farinée. Faites une quinzaine de morceaux de proportions égales. Laissez reposer environ une heure.
- Faites des boules avec chacun des morceaux et creusez-les avec vos doigts par le dessus, sans percer le fond. Mettez un peu de confiture d'abricot dans chacun des trous. Refermez.
- Dorez les pâtons avec un pinceau trempé dans un jaune d'œuf. Enfournez dans un four préchauffé à 180° et laissez cuire un bon quart d'heure.

Panettone

Moyen

Cette brioche se fait traditionnellement à Noël dans les familles italiennes et se déguste en dessert, trempé dans du lait ou avec une crème patissière.

- Mettez l'eau et le jus de citron dans la cuve.
- Battez les jaunes d'œufs, incorporez le sucre et les zestes. Versez dans la cuve.
- Ajoutez le beurre coupé en morceaux, le lait et le sel.
- Mettez la farine et la levure dans un petit puits.
- Lancez le programme.
- Au bip, ajoutez les raisins secs.

** 400 g de farine de blé T55*
- 210 ml de lait
- 2 jaunes d'œuf
- 1 c.c de sel
- 55 g de sucre
- 60 g de beurre
- 80 g de raisins secs
- 1 c.c de jus de citron
- le zeste d'une demi orange
- 1,5 c.c de levure déshydratée

** Programme : Pain Sucré*

Kouglopf *

Chef

Voici une recette de brioche typiquement alsacienne que l'on sert souvent en apéritif avec un vin blanc sec.

- Battez les œufs et ajoutez le sucre. Versez avec le lait dans la cuve de la machine à pain.
- Ajoutez le beurre coupé en dés, les raisins secs, la cannelle, puis la farine. Versez le sel et la levure dans des coins séparés. Lancez le programme. Au bip ajoutez les trois quarts des amandes effilées.
- Sortez le pâton. Au fond d'un moule à kouglopf, saupoudrez les amandes restantes et mettez le pâton par-dessus. Couvrez avec un film plastique et laissez reposer pendant une heure afin que la pâte lève. La pâte doit atteindre le haut du moule.
- Enlevez le film plastique et enfournez dans un four préchauffé à 190°. Laissez cuire pendant environ 30 minutes.

** 400 g de farine de blé T55*
- 75 g de sucre en poudre
- 75 g de beurre
- 3 œufs
- 150 ml de lait
- 100 g de raisins secs
- 1 c.c de sel
- 1 c.c de cannelle
- 30 g d'amandes effilées
- 1 c.c de levure déshydratée

** Programme : Pâte Seule*

Brioche aux Pommes

Moyen

- Dans un verre mesureur, mettez les œufs, la compote, et ajoutez du lait jusqu'à obtenir 310 ml de liquide.
- Battez le mélange en omelette et versez dans la cuve.
- Ajoutez le beurre coupé en dés, le sel, le sucre et l'eau de fleur d'oranger.
- Recouvrez le tout avec la farine.
- Ajoutez la levure dans un puits.
- Lancez le programme.

** 500 g de farine de blé T55*
- 40 g de beurre
- 4 c.s de cassonade
- 2 œufs
- 250 g de compote de pomme
- Lait
- 1 c.s d'eau de fleur d'oranger
- 1,5 c.c de sel
- 2 c.c de levure déshydratée

** Programme : Normal ou Pain Sucré*

Brioche Légère au Yaourt *

Moyen

- Mélangez dans un bol les ingrédients liquides. Battez l'œuf en omelette et versez l'ensemble dans la cuve.
- Ajoutez le beurre, le sucre, le sucre vanillé.
- Ajoutez la farine puis, au sommet, la levure. Lancez le programme.
- À la fin de la cuisson, lorsque la brioche a refroidi, ajoutez un glaçage généreux (du sucre glace avec environ 1 c.s de jus de citron) et quelques amandes.

Variante : ajoutez 2 c.c de rhum et quelques fruits secs ou confits à cette préparation au goût très doux.

** 350 g de farine T45*
- 50 g de yaourt nature
- 90 ml de lait
- 2 c.s d'eau d'oranger
- 1 œuf
- 25 g de beurre
- 25 g de sucre
- 1 sachet de sucre vanille
- 1 c.c de jus de citron
- 1,5 c.c de levure déshydratée.
- glaçage

** Programme : Normal ou Pain Sucré*

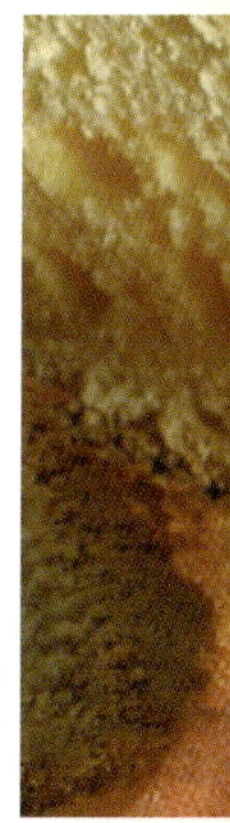

Facile

Cake aux Olives

- Battez les œufs en omelette avec le lait, le sel, le persil et l'ail. Versez dans la cuve.
- Ajoutez le gruyère râpé et les olives (un mélange d'olives vertes et noires) dénoyautées et grossièrement coupées en morceaux.
- Recouvrez avec la farine.
- Lancez le programme.

Variante : vous pouvez également mettre des anchois qui se marient bien avec les olives. Dans ce cas, prévoyez 60 g d'olives et 50 g d'anchois. Réduisez alors le sel à ½ c.c.

** 250 g de farine autolevante*
- 4 œufs
- 100 g de fromage râpé
- 100 g d'olives
- 60 ml de lait
- 40 ml de vin blanc
- 10 ml d'huile d'olive
- 1 c.c de sel
- ½ c.c d'ail déshydraté
- Persil

** Programme : Cake*

Facile

Cake aux Tomates *

- Battez les œufs en omelette et ajoutez le sel, le poivre, la crème fraîche, le vin blanc, l'huile d'olive et le persil.
- Versez dans la cuve de la machine à pain.
- Ajoutez la farine et le fromage râpé.
- Coupez les tomates en quartiers et épluchez-les en les épépinant sommairement.
- Versez dans la cuve.
- Lancez le programme.

Variante : un cake également délicieux avec des tomates séchées. Gardez les mêmes proportions, mais prenez soin de couper les tomates séchées en petits morceaux avant de les incorporer.

** 250 g de farine autolevante*
- 4 œufs
- 200 g de tomates
- 100 g de fromage râpé
- 50 ml de crème fraîche liquide
- 100 ml de vin blanc
- 1 c.c de sel
- 1 c.c de poivre
- 2 c.s d'huile d'olive
- Persil

** Programme : Cake*

▶ **Facile**

Cake au Jambon *

** 250 g de farine autolevante*
- 4 œufs
- 100 g de jambon
- 100 g de fromage râpé
- 130 ml de lait
- 60 ml d'huile d'olive
- 1 gousse d'ail
- 1 c.c de sel
- 1 c.c de poivre
- Persil

** Programme : Cake*

- Battez les œufs en omelette en ajoutant le sel, le poivre, le lait, l'huile, le persil et la gousse d'ail préalablement hachée.
- Versez dans la cuve et ajoutez le fromage râpé.
- Coupez le jambon en dés assez grossiers et ajoutez-le dans la cuve.
- Recouvrez avec la farine.
- Lancez le programme.

Variante : pour varier les plaisirs vous pouvez facilement remplacer le jambon par du jambon de Parme, du bacon, etc.

▶ **Facile**

Cake aux Sardines

** 250 g de farine autolevante*
- 200 g de sardines à l'huile
- 4 œufs
- 100 ml de lait
- 50 ml de vin blanc
- 50 ml d'huile d'olive
- 1 c.c de sel
- 1 c.c de poivre
- 1 c.c de curry
- Coriandre

** Programme : Cake*

- Battez les œufs en omelette en ajoutant le sel, le poivre, le curry, le vin blanc, l'huile d'olive et le lait. Versez dans la cuve.
- Ajoutez le gruyère râpé, puis les sardines (enlevez au moins la moitié de l'huile, le reste peut être incorporé à la préparation).
- Recouvrez avec la farine.
- Lancez le programme.

Variante : si vous aimez les arômes plus corsés, remplacez les sardines par des anchois à l'huile (dans les mêmes proportions). Veillez à supprimer le sel ou à le réduire (1/2 c.c suffit amplement).

Cake Thon et Saumon *

Moyen

Voici un cake délicieux et rapide à réaliser, à servir avec une belle salade verte et un petit vin blanc.

- Battez soigneusement les œufs en omelette en ajoutant le sel, le poivre noir, le curry, l'ail et le lait.
- Versez dans la cuve.
- Coupez en carrés moyens les tranches de saumon fumé et mettez dans la cuve.
- Ajoutez le gruyère râpé puis le thon à l'huile.
- Lancez le programme.

** 250 g de farine autolevante*
- 4 œufs
- 100 g de fromage râpé
- 120 ml de lait
- 1 c.c d'ail moulu
- ½ c.c de poivre noir
- 1 c.c de curry
- 1 c.c de sel
- 1 boîte de thon à l'huile (100 g)
- 100 g de saumon fumé en tranches.

** Programme : Cake*

Cake Bacon et Fromage

Moyen

- Battez les œufs en omelette en ajoutant le sel, le poivre, le cumin et la crème fraîche.
- Versez dans la cuve puis ajoutez l'huile, le vin blanc et l'ail.
- Ajoutez le fromage à raclette et le bacon coupé en petits rectangles.
- Recouvrez avec la farine.
- Lancez le programme.

** 250 g de farine autolevante*
- 4 oeufs
- 120 g de bacon
- 140 g de fromage à raclette
- 2 c.c d'ail moulu
- 130 ml de vin blanc
- 80 ml d'huile d'olive
- 20 ml de crème fraîche
- 1 c.c de poivre noir
- persil / ½ c.c de cumin
- 1 c.c de sel.

** Programme : Cake*

Cake aux Champignons *

Chef

- Coupez en gros morceaux vos champignons épluchés.
- Coupez l'oignon en fines lamelles.
- Faites revenir à la poêle pendant 5 minutes champignons et oignon.
- Battez les œufs en omelette et versez tous les ingrédients liquides dans la cuve. Ajoutez champignons, oignon, olives émincées, fromage, beurre, sel, poivre et persil.
- Ajoutez la farine.
- Lancez le programme (Cake).
- Au bip ajoutez les morceaux de champignons.

** 250 g de farine autolevante*
- 4 œufs
- 250 g de champignons de Paris
- 1 gros oignon
- 100 g de fromage râpé
- 6 olives noires
- 50 ml de crème fraîche
- 100 ml de vin blanc
- 1 c.c de sel
- 1 c.c de poivre
- 1 c.s de jus de citron
- 1 c.s d'huile d'olive
- 1 noix de beurre
- 3 brins de persil frais

Cake Feta Basilic

Facile

- Battez soigneusement les œufs en omelette avec le lait et le sel.
- Versez dans la cuve et ajoutez le lait. et l'huile d'olive.
- Mettez le fromage râpé et la feta coupée en dés.
- Ajoutez les feuilles de basilic.
- Recouvrez avec la farine.
- Lancez le programme.

** 250 g de farine autolevante*
- 120 ml de lait
- 4 œufs
- 80 ml d'huile d'olive
- 100 g de gruyère râpé
- 200 g de feta coupée en dés
- Une vingtaine de feuilles de basilic
- 1 c.c de sel

** Programme : Cake*

Cake aux Fruits Confits *

Facile ◄

Le grand classique des cakes est toujours très apprécié lors des goûters. Une recette inratable !

- Battez les œufs en omelette et ajoutez le sucre et le lait. Versez dans la cuve de la machine à pain.
- Ajoutez le beurre coupé en dés et la farine.
- Lancez le programme.
- Cinq minutes avant la fin du cycle de pétrissage, ajoutez les fruits confits. Ainsi, ils ne seront pas concassés et les morceaux seront bien visibles lorsque vous servirez ce cake.

** 250 g de farine autolevante*
- 4 œufs
- 140 g de sucre en poudre
- 140 g de beurre
- 15 ml de lait
- 200 g de fruits confits

** Programme : Cake*

Cake Beurre et Citron

Facile ◄

- Battez les œufs en omelette. Ajoutez le sucre et le lait, versez dans la cuve de la machine à pain.
- Au-dessus de la cuve, râpez le zeste du citron.
- Pressez ce même citron et incorporez le jus dans la cuve.
- Mettez le beurre coupé en dés et la farine.
- Lancez le programme.

Pour des saveurs plus douces, ajoutez 1 c.c de cannelle et quelques amandes effilées.

** 250 g de farine autolevante*
- 4 œufs
- 140 g de beurre
- 140 g de sucre en poudre
- 15 ml de lait
- 1 citron

** Programme : Cake*

▶ Facile

Cake au Chocolat *

* 170 g de farine de blé T45 (ou 50% de maïzena pour alléger la préparation)
- 165 g de chocolat pâtissier
- 100 g de beurre
- 3 œufs
- 100 g de sucre
- 1,5 c.c de levure chimique

* Programme : Cake

- Faites fondre le chocolat (noir ou au lait) au bain-marie ou au micro-ondes.
- Mélangez sommairement le beurre, le sucre et les œufs.
- Versez dans la cuve en ajoutant le chocolat fondu.
- Mettre ensuite la farine puis la levure.
- Lancez le programme.

Variante : pour un cake chocolat-vanille, remplacez 50 g de chocolat par du chocolat blanc, ajoutez 3 ml d'arôme de vanille et servez avec une crème anglaise ou patissière.

▶ Moyen

Cake aux Cerises

* 250 g de farine autolevante
- 300 g de cerises en bocal
- 4 œufs
- 130 g de beurre
- 1 pincée de sel
- 50 g de sucre semoule
- 1 sachet de sucre vanille
- 50 g de poudre d'amande
- 1 c.s d'eau de fleur d'oranger ou un zeste de citron

- Battez les œufs en omelette et mélangez avec le sucre.
- Versez dans la cuve.
- Ajoutez le beurre coupé en petits morceaux.
- Égouttez les cerises en réservant un demi verre de jus.
- Incorporez la moitié des cerises puis la farine, la poudre d'amande, la fleur d'oranger et le sel.
- Lancez le programme (Cake).
- Au bip, ajoutez le reste des cerises.
- Un quart d'heure avant la fin de la cuisson, arrosez votre cake avec le jus de cerise réservé et saupoudrez de poudre d'amande.

Chez le même éditeur :

- Le meilleur du Chocolat - *70 Recettes Indispensables*
  Fanny Matagne

- Machine à pain - *115 Recettes Tendances*
  Marie Joly

- Menus poids plume - *115 Recettes Tendances*
  Marie Joly

- Salades fraîcheur - *115 Recettes Tendances*
  Marie Joly

- Barbecue Party - *115 Recettes Tendances*
  Pascal Nicolas